LE TAROT POUR LES CRÉATIFS

LE TAROT POUR LES CRÉATIFS

21 tirages
de tarot pour se (re)connecter avec son
intuition et provoquer l'étincelle créative

Mariëlle S. Smith

ISBN 978 94 93250 64 2

Vous ne pouvez pas épuiser votre créativité.
Plus vous l'utilisez, plus vous en avez.

Maya Angelou

AVANT-PROPOS

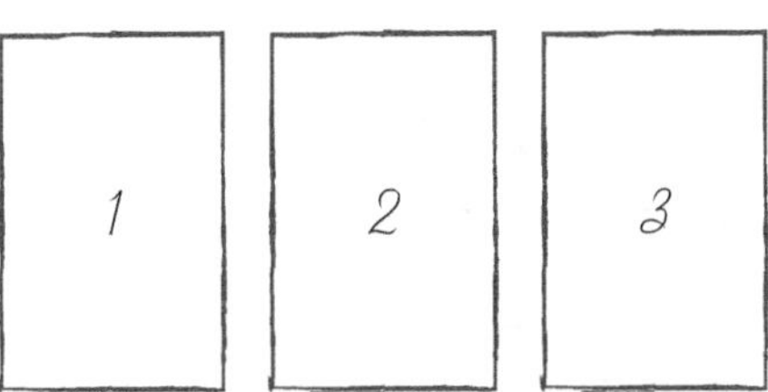

Bienvenue dans *Le tarot pour les créatifs*, un livre présentant vingt-et-un tirages de tarot à l'intention des écrivains et autres créatifs pour les aider à se remettre en route et retrouver leur muse.

Le tarot pour les créatifs : 21 tirages de tarot pour se (re)connecter avec son intuition et provoquer l'étincelle créative, comprend des tirages autour de différents sujets comme les croyances contraignantes, les obstacles à la création, nourrir la muse, quelle direction prendre, l'appel de votre âme, à quel projet donner la priorité, et bien d'autres. Le tarot pour les créatifs est conçu pour chaque entrepreneur créatif cherchant à se connecter avec son intuition pour le guider dans son cheminement créatif.

Bien que j'aie surnommé ces tirages, tirages de tarot, rien ne vous empêche d'utiliser tout autre moyen de divination pour répondre aux questions proposées. Choisissez votre oracle préféré ou un jeu de cartes des anges (je me suis appuyée sur les deux quand j'ai utilisé les tirages dans ce livre), utilisez vos cristaux ou vos runes. Quel que soit le moyen qui vous convient, utilisez-le. Sentez-vous libre de mélanger les moyens de divination pendant votre lecture.

INTRODUCTION

Pour moi, lire les cartes, relève moins de la divination — regarder dans le futur — que de se (re)connecter à son intuition. Cela ne veut pas dire que je ne pose jamais de questions sur l'avenir, parce que je le fais. Je possède des cartes de tarot, d'oracle et d'anges et, le cas échéant, je leur demande ce dont j'ai besoin : du résultat le plus probable si je suis cette direction ou cette autre, à ce qu'un projet en particulier pourrait m'apporter.

Néanmoins, je préfère utiliser mes cartes pour comprendre ce qui se passe dans le moment présent. Que pourrais-je faire en ce moment pour arriver là où je veux être ou pour tirer le meilleur parti d'une situation? Que dois-je savoir sur la situation dans laquelle je me trouve en ce moment précis avant de continuer ou de passer à autre chose? Autrement dit, j'ai tendance à utiliser mes cartes pour prendre pleinement conscience du moment présent et pour être en accord avec mon instinct.

Nous savons déjà tout ce qu'il y a à savoir, surtout lorsqu'il s'agit du moment présent où nous nous trouvons. Nous avons juste tendance à oublier cette connaissance. Depuis notre plus jeune âge, la plupart d'entre nous ont appris à mépriser notre intuition. Nous avons appris cela pas seulement de nos parents, de nos enseignants ou de nos pairs. En effet, plusieurs de sociétés ne permettent pas facilement à ceux qui le souhaitent de prendre leur temps pour se recueillir et désapprendre ce qu'on leur a inculqué afin de pouvoir retrouver ce qu'ils ont toujours su. Honnêtement, la plupart des sociétés prospèrent parce que nous sommes déconnectés de nos intuitions. Le monde ne serait pas ce qu'il est si nous étions à l'unisson avec notre instinct et agissions en conséquence.

Notre source créative est littéralement située dans nos tripes, pourtant nombre de mes clients créatifs sont très éloignés de leurs intuitions. Cela peut sembler contradictoire, mais ce n'est pas le cas. Que nous ayons appris à ignorer ou à être déconnectés de nos intuitions ne signifie pas qu'aucun des messages ne nous parvienne. Ils le font. C'est juste qu'il s'agit de messages que nous avons appris à critiquer, car souvent ils ne nous parviennent pas avec une explication rationnelle. C'est pourquoi, dans notre tentative de rationaliser ce que nous ressentons ou ce que nous savons, la plupart d'entre nous finissent par ignorer notre sagesse intérieure et l'étincelle créative qui provient de cette même source précise.

Lorsque vous supprimez et niez votre intuition et votre impulsion créatrice pendant des années, il devient de plus en plus difficile d'y revenir consciemment. J'utilise le mot consciemment ici parce que, comme je l'ai dit dans le paragraphe précédent, nous ne sommes jamais complètement coupés de notre intuition. Elle continuera à nous parler et, moins nous l'écouterons, plus fort elle criera. À ce moment-là, cependant, nous aurions pu nous convaincre que c'est cette même voix que nous devrions ignorer, au lieu de nous appuyer sur elle.

Pour moi, c'est là que les cartes entrent en jeu. Mes cartes ne me disent presque jamais quelque chose dont je n'étais pas au courant au préalable à un certain niveau. Avec le recul, si elles le font, c'était parce que je n'étais pas encore prête à me souvenir de cette partie ou que j'étais trop têtue pour entendre le message. Mais, ce que mes cartes me fournissent c'est une réponse à la question suivante : lequel des différents messages que j'entends dans ma tête est le mien? Elles m'aident à faire la différence entre ce que je pense savoir maintenant — parce que les autres m'ont dit de le croire — et ce que je sais réellement au fond de moi. Les cartes et les autres méthodes de divination sont un outil pour contourner l'ego et tout ce qui se trouve entre vous et votre voix intérieure.

C'est à cette fin que *Le tarot pour les créatifs* a été créé : pour aider les artistes, qu'ils écrivent, peignent, tricotent, fassent de la mosaïque, dessinent, tatouent, sculptent ou qu'ils prennent des photos, à se (re)connecter à leur intuition quand ils sont en proie à des difficultés créatrices. Que vous soyez aux prises avec des croyances contraignantes, que vous essayiez de comprendre vos forces et vos faiblesses créatives, que vous ayez perdu votre rythme, que vous ayez du mal avec votre projet ou que vous ayez perdu votre muse, ce livre vous fournira la bonne voie pour vous reconnecter avec vous-même.

Comme je l'ai déjà mentionné dans l'avant-propos, je vous encourage vivement à utiliser tout ce qui semble fonctionner pour vous à n'importe quel moment, que ce soit l'utilisation des cartes de tarot, d'oracle ou des anges, des runes, des cristaux, leur combinaison ou quelque chose de tout à fait différent. Si vous avez besoin de reformuler une question ou de mettre les cartes dans un autre ordre, faites-le. Ces tirages ont un seul but, celui de vous libérer. Ne les laissez pas vous limiter d'aucune façon.

TABLE DES MATIÈRES

1

LES CROYANCES CONTRAIGNANTES

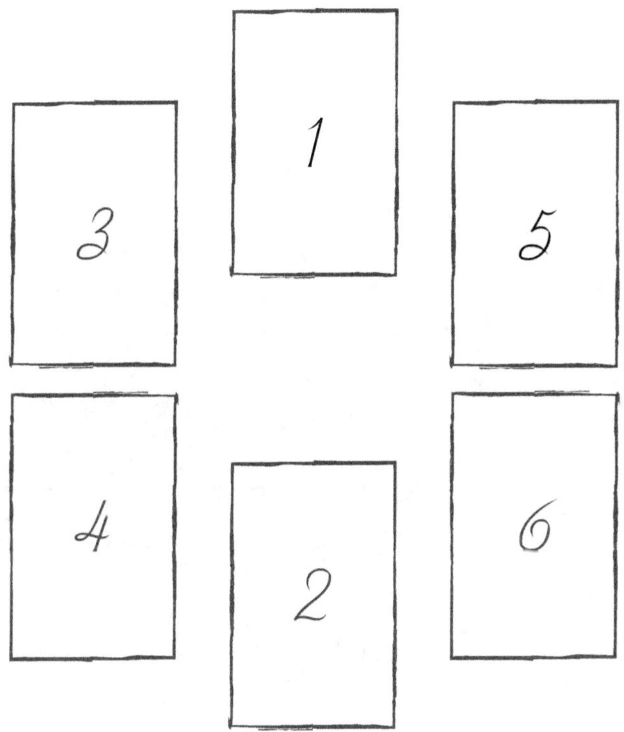

1. Quelle croyance contraignante sur la créativité s'impose à
moi en ce moment?

2. D'où vient cette croyance?

3. Pourquoi est-ce que je me raccroche à cette croyance?

4. Quel est le résultat le plus probable si je me débarrasse
de cette croyance?

5. Qu'est-ce que je gagne à abandonner cette croyance?

6. Conseils sur la façon d'abandonner cette croyance.

2

LES OBSTACLES À LA CRÉATION

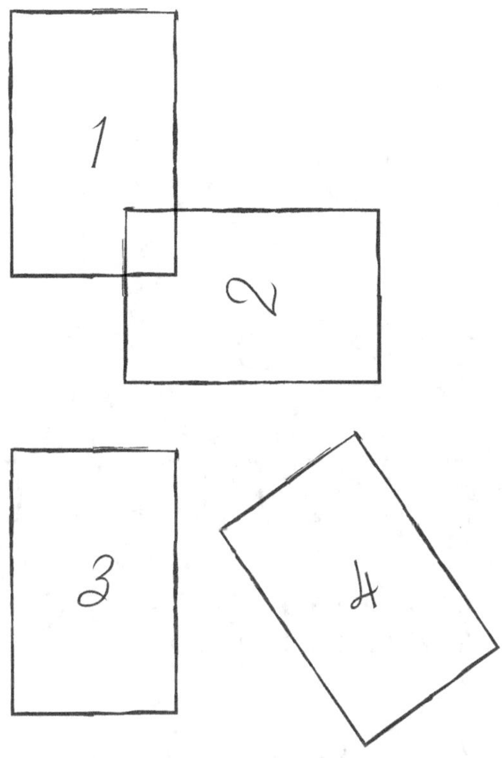

. Quel est actuellement mon plus gros obstacle à la création?

2. Qu'est-ce que je ne vois pas à propos de cet obstacle?

3. Qu'est-ce que cet obstacle essaie de m'apprendre?

4. À quoi dois-je renoncer pour surmonter cet obstacle?

3

Les Forces et Faiblesses Créatives

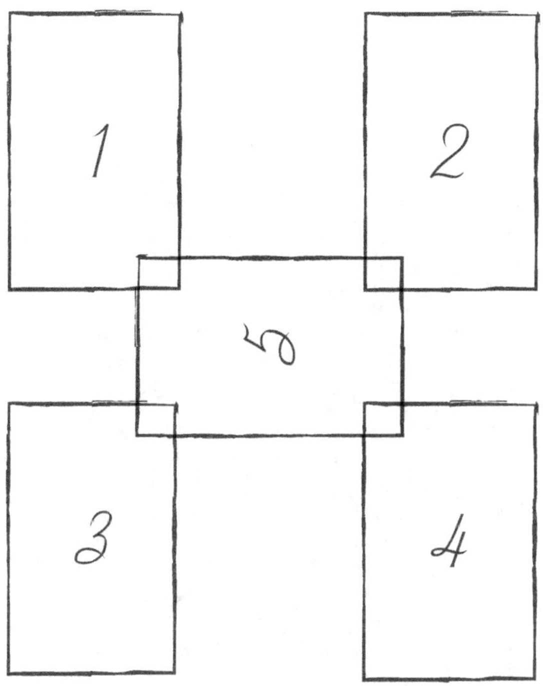

1. Quelle est ma plus grande force?

2. Comment puis-je utiliser cette force pour surmonter toute

croyance contraignante ou tout obstacle?

3. Quelle est ma plus grande faiblesse?

4. Comment cette faiblesse me conduit-elle à l'échec?

5. Comment puis-je transformer cette faiblesse en force?

4

L'APPEL DE MON ÂME

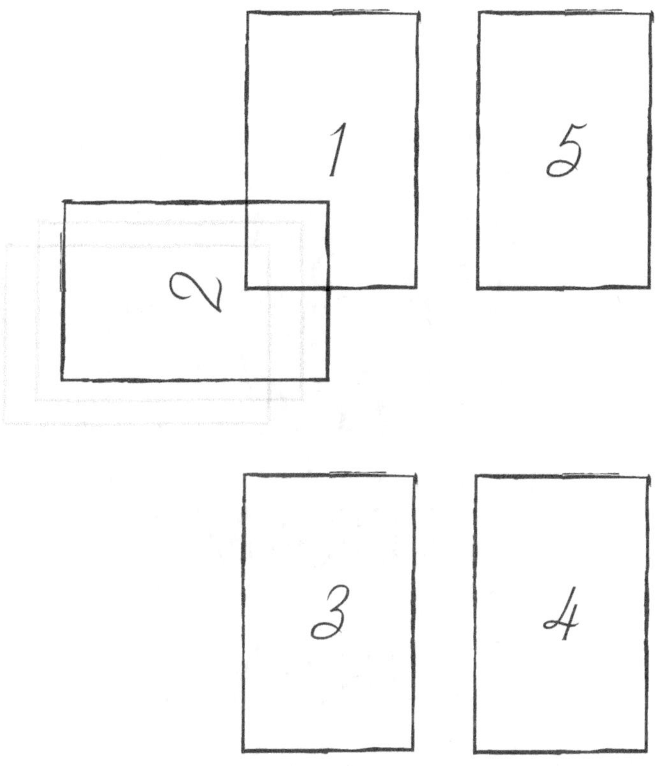

1. Qu'est-ce que mon âme m'appelle à créer maintenant?

2. Quelles sont les croyances contraignantes que j'ai à propos de

ce projet? (Tirer plus de cartes si nécessaire.)

3. Qu'est-ce qui m'empêche de me consacrer corps et âme à ce

projet?

4. Comment ce projet nourrira-t-il mon âme?

5. Comment ce projet nourrira-t-il l'âme des autres?

5

AM
STRAM
GRAM

*Établir des priorités
entre deux projets*

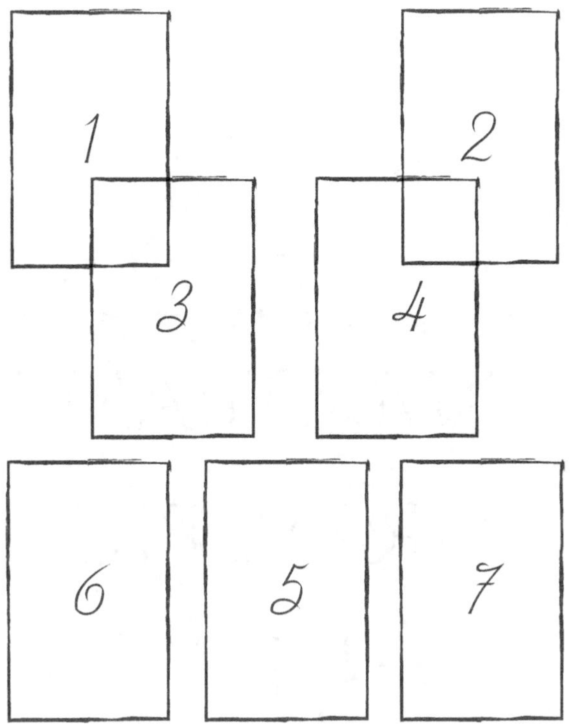

1. Quelle est l'énergie générale autour du projet A?

2. Quelle est l'énergie générale autour du projet B?

3. Pourquoi le projet A fait-il partie de ma vie?

4. Pourquoi le projet B fait-il partie de ma vie?

5. Pourquoi le projet B intervient-il maintenant dans ma vie?

6. Que se passe-t-il si je m'en tiens au projet A pour l'instant?

7. Que se passe-t-il si je me concentre plutôt sur le projet B?

6

AM STRAM GRAM PIC ET PIC

Établir des priorités entre plusieurs projets

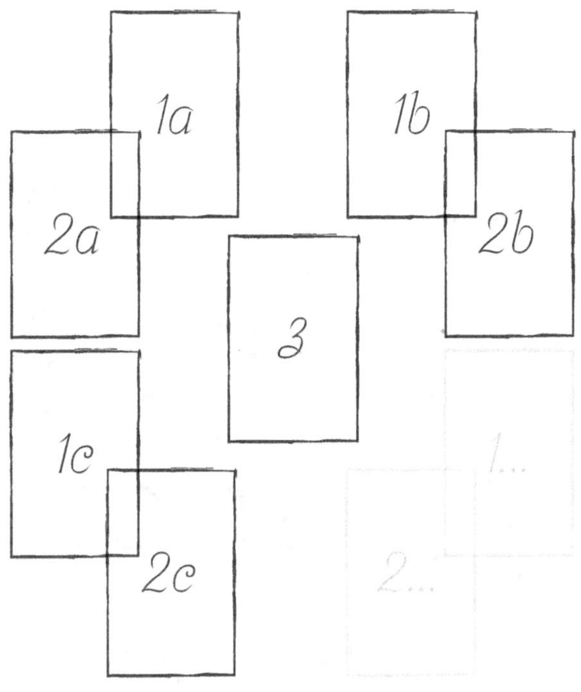

1a. Pourquoi le projet A fait-il partie de ma vie?

2a. Que se passe-t-il si je concentre toute mon énergie sur le projet A en ce moment?

1b. Pourquoi le projet B fait-il partie de ma vie?

2b. Que se passe-t-il si je concentre toute mon énergie sur le projet B en ce moment?

1c. ... 2c. ... 1d. ... 2d. ... 1e. ... 2e. ...

3. Que dois-je savoir en général sur l'établissement de priorités pour des projets?

7

QU'EST-CE QUI FAIT OBSTACLE?

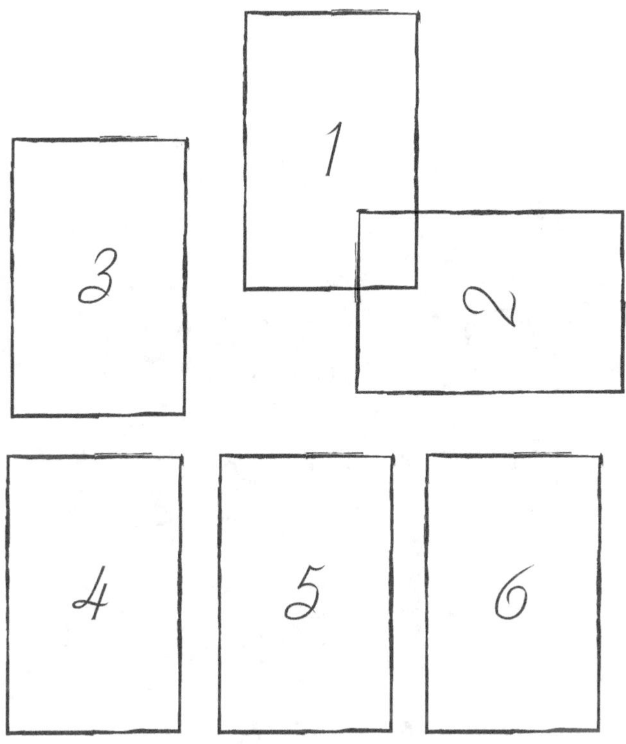

1. Décrire l'obstacle que je rencontre actuellement.

2. Qu'est-ce qui a créé cet obstacle?

3. Pourquoi cet obstacle se présente-t-il maintenant?

4. Qu'est-ce que cet obstacle m'empêche de faire?

5. Comment puis-je surmonter cet obstacle?

6. Que dois-je savoir sur le fait de surmonter cet obstacle de manière générale?

8

COMMENT EST-CE QUE JE RETROUVE MON RYTHME?

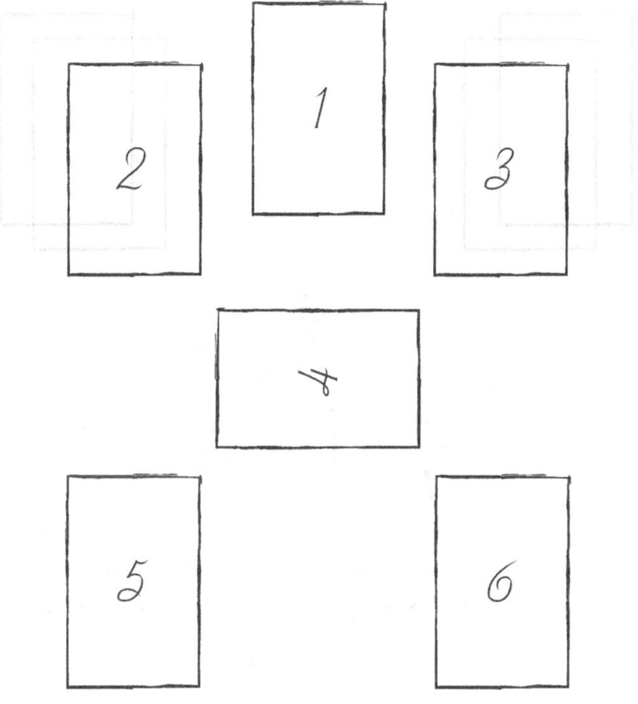

1. Comment ai-je perdu mon rythme?

2. Quels sont les facteurs internes en jeu ici?

(Tirer jusqu'à trois cartes.)

3. Quels facteurs externes interrompent mon flux?

(Tirer jusqu'à trois cartes.)

4. Qu'est-ce que je ne vois pas dans cette situation?

5. Comment est-ce que je retrouve mon rythme?

6. Que dois-je garder à l'esprit pour l'avenir?

9

J'AI LA PERMISSION

de dire ce qu'il faut dire

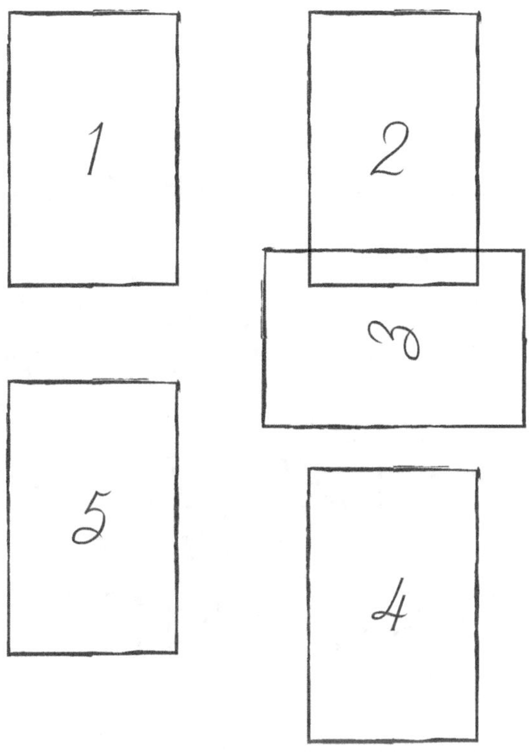

1. Quel est mon message?

2. Pourquoi dois-je diffuser ce message?

3. Quels aspects de mon message ai-je peur de partager?

4. D'où vient cette peur?

5. Qu'est-ce que je dois laisser tomber pour que je puisse complètement exprimer ma vérité?

10

J'AI LA PERMISSION

de faire ce qui doit être fait

1. Pourquoi mon travail créatif n'est-il pas une priorité maintenant?

2. Qu'est-ce qui m'empêche de lui donner la priorité - facteur

externe?

3. Comment puis-je surmonter ces facteurs?

4. Qu'est-ce qui m'empêche de lui donner priorité - facteur interne?

5. Comment puis-je surmonter ces facteurs?

6. Pourquoi dois-je faire de mon travail créatif une priorité?

7. Quels avantages vais-je récolter si je donne la priorité à mon travail

créatif?

11

TOUT CELA A DÉJÀ ÉTÉ DIT

mais pas par moi, pas selon mon point de vue

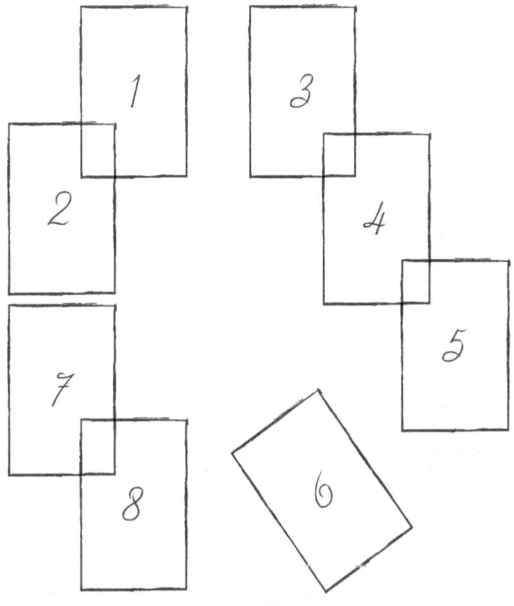

1. Pourquoi ai-je besoin de créer cela?

2. Pourquoi ai-je l'impression de ne pas avoir grand-chose à

apporter?

3. Qu'y a-t-il d'unique dans ma démarche? (1)

4. Qu'y a-t-il d'unique dans ma démarche? (2)

5. Qu'y a-t-il d'unique dans ma démarche? (3)

6. Qu'est-ce qui fait de ma démarche le choix idéal pour ce projet?

7. Quelles étapes puis-je suivre pour apprendre à faire confiance

à mon point de vue singulier? (1)

8. Quelles étapes puis-je suivre pour apprendre à faire confiance

à mon point de vue singulier? (2)

12

TOUT CELA A DÉJÀ ÉTÉ DIT

mais pas par moi, pas avec ma voix singulière

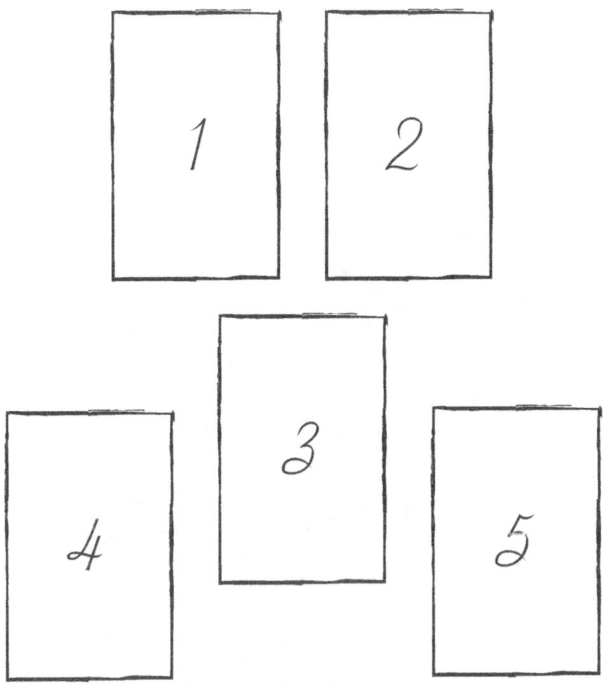

1. Qu'y a-t-il d'unique dans ma voix? (1)

2. Qu'y a-t-il d'unique dans ma voix? (2)

3. Comment ma voix et le travail que je fais maintenant s'accordent-ils?

4. Comment puis-je les allier d'une manière singulière et puissante?

5. Comment puis-je rester fidèle à ma propre voix et ne pas laisser ma peur de tout ce qui a été énoncé avant m'atteindre?

13

REPRENDRE CONTACT

Muse, où es-tu?

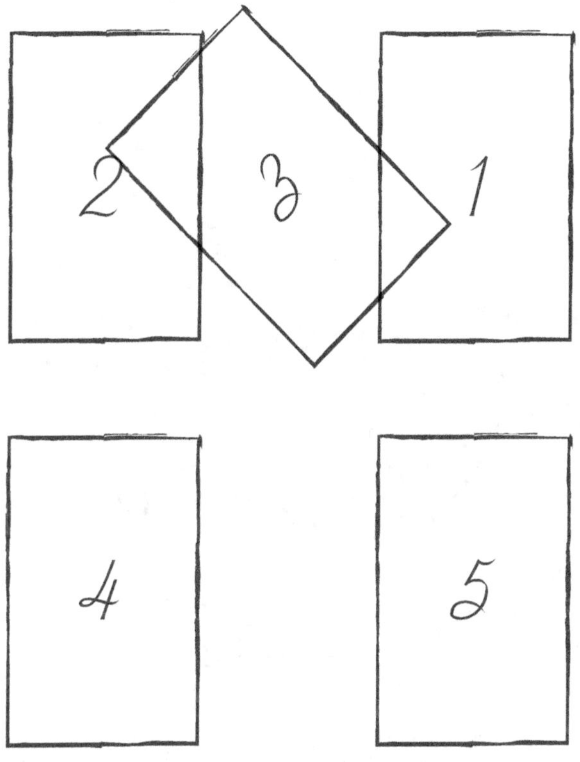

1. Où suis-je?

2. Où est ma muse?

3. Où avons-nous fait fausse route?

4. Que dois-je savoir sur ma muse?

5. Que dois-je savoir ou faire pour ramener ma muse?

14
NOURRIR LA MUSE

Muse, où es-tu?

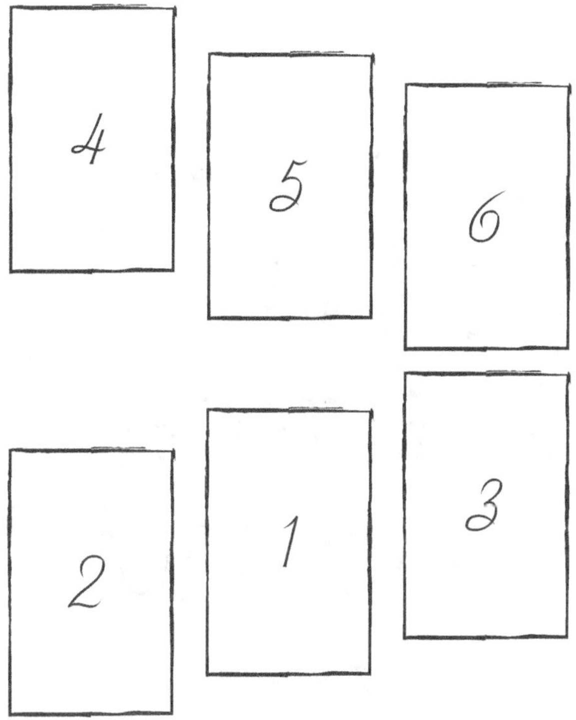

1. Comment comprendre ma muse?

2. Où est la faiblesse dans tout ça?

3. Où est la force là-dedans?

4. Comment puis-je transformer cette faiblesse en une autre force?

5. Que puis-je faire pour créer une relation saine avec ma muse?

6. Que dois-je savoir sur notre relation en général?

15
EST-CE MOI OU TOI?

La lutte

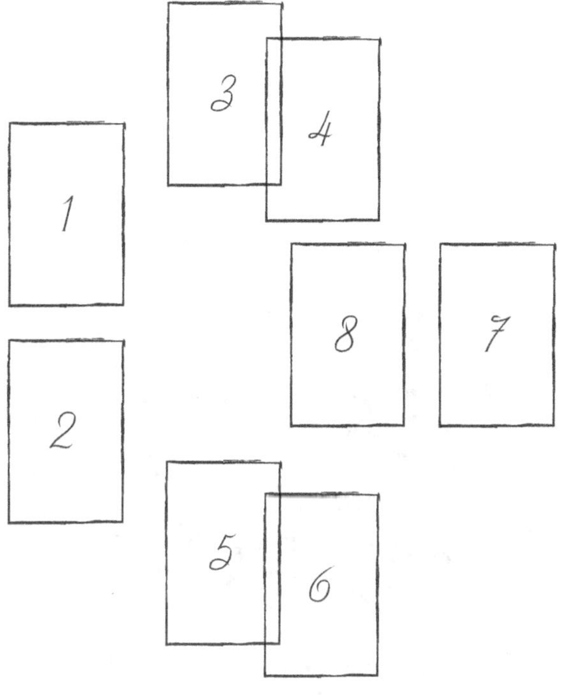

1. Pourquoi luttons-nous?

2. Comment et quand est-ce que cela a commencé?

3. Quels sont les aspects visibles de cette lutte? (1)

4. Quels sont les aspects visibles de cette lutte? (2)

5. Quels sont les aspects non visibles de cette lutte? (1)

6. Quels sont les aspects non visibles de cette lutte? (2)

7. Quel est mon rôle dans cette lutte?

8. Quel est le rôle du projet dans cette lutte?

16

EST-CE MOI OU TOI?

La solution

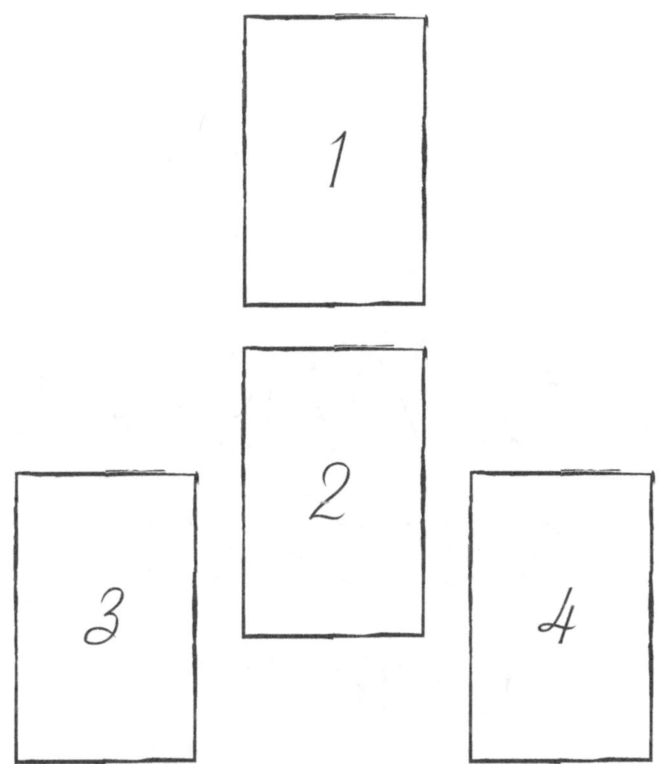

1. Qu'est-ce qui fait obstacle?

2. Comment mon projet et moi pouvons-nous nous retrouver?

3. Quelle est la leçon à tirer ici?

4. Comment prévenir les conflits futurs?

17

DEVRAIS-JE RESTER OU DEVRAIS-JE PARTIR?

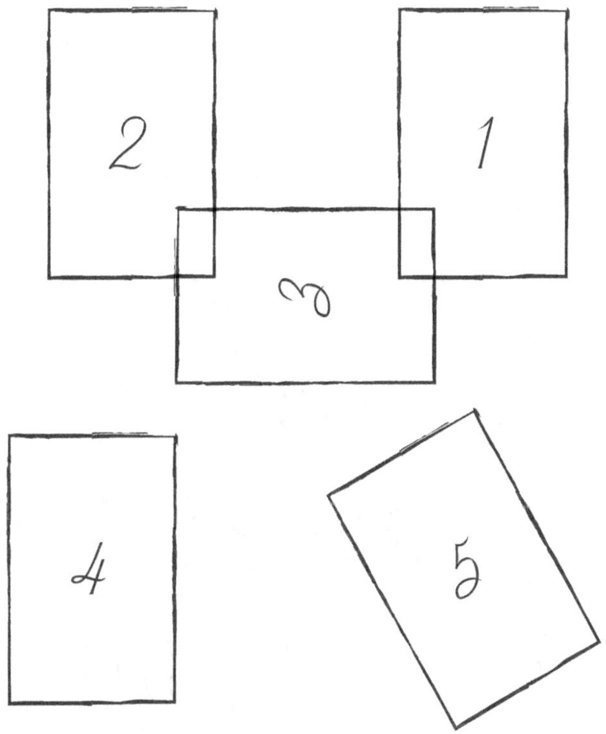

1. Où est-ce que je suis rendu maintenant?

2. Où est rendu mon projet actuellement?

3. Que se passera-t-il si je reste (pour l'instant)?

4. Que se passera-t-il si je pars (pour l'instant)?

5. Que dois-je savoir sur ce projet en général?

18
POUR CONCLURE

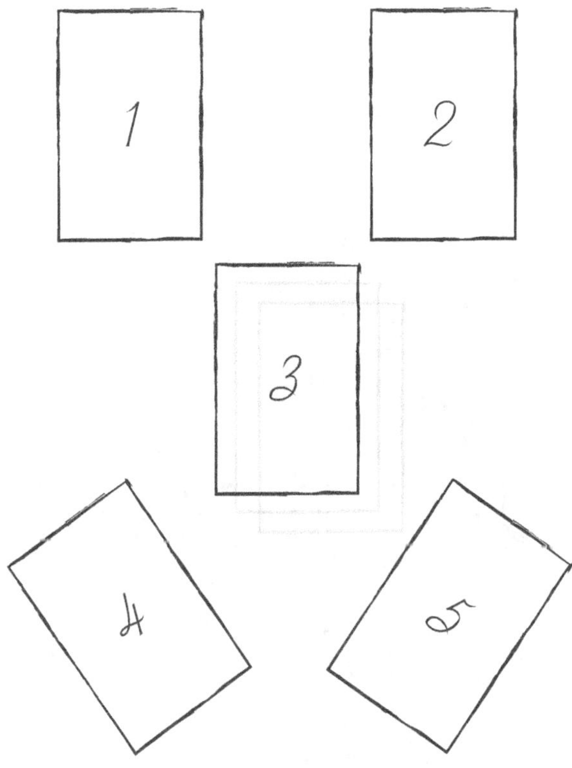

1. Où en suis-je avec ce projet?

2. Reste-t-il un aspect dans ce projet auquel je dois accorder

mon attention?

3. Qu'est-ce que je peux faire pour finir ce projet?

(Tirer plus de cartes si nécessaire.)

4. Comment je peux savoir si c'est le moment de passer au

prochain projet?

5. Qu'est-ce que je dois savoir de plus pour conclure ce projet?

19

QUE DOIS-JE FAIRE MAINTENANT?

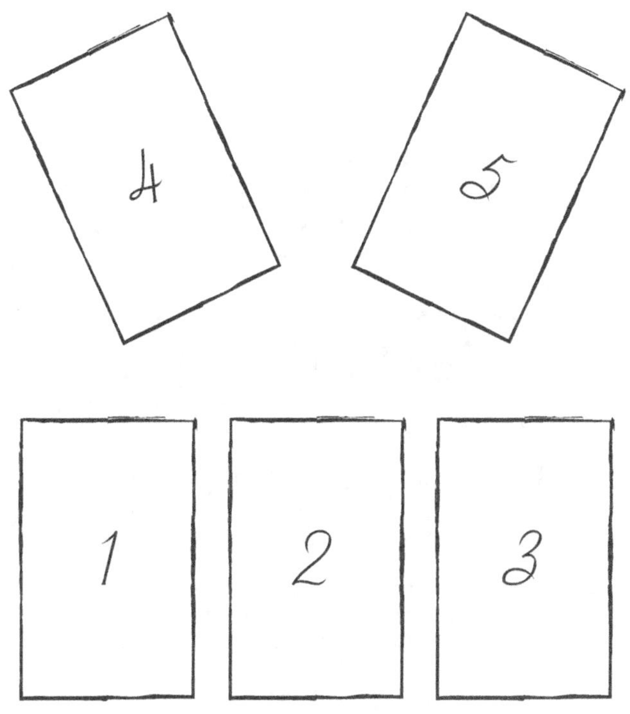

1. Où suis-je allé?

2. Où je suis maintenant?

3. Quelles leçons ai-je apprises?

4. Où est-ce que je m'en vais?

5. Est-ce que c'est la bonne direction pour moi maintenant?

20

QUELLE DIRECTION PREND CE PROJET À PARTIR D'ICI?

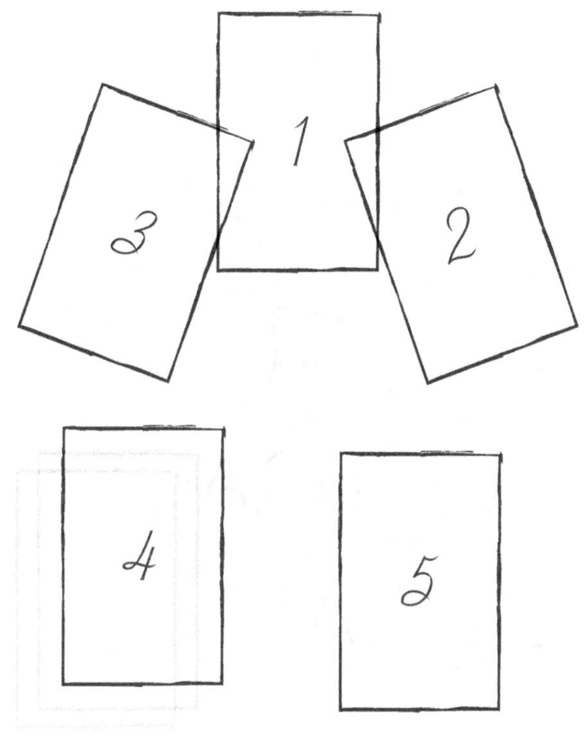

1. Où s'en va ce projet?

2. Que sais-je de cette direction?

3. Qu'est-ce que je ne sais pas sur cette direction?

4. Qu'est-ce que je dois prendre en compte concernant cette
direction? (Tirer jusqu'à trois cartes.)

5. Qu'est-ce que je dois prendre d'autre en compte concernant
ce projet?

21

LE TIRAGE
DE L'ARTISTE

1. Qu'est-ce qui m'inspire?

2. Qu'est-ce qui nourrit mon âme?

3. Comment est-ce que je reste inspiré?

4. Quelles sont mes forces en tant que créatif? (1)

5. Quelles sont mes forces en tant que créatif? (2)

6. Quelles sont mes faiblesses en tant que créatif? (1)

7. Quelles sont mes faiblesses en tant que créatif? (2)

8. Que dois-je savoir sur ma pratique créative?

9. Que dois-je savoir sur moi en tant que créatif?

PENSEZ À DONNER VOTRE AVIS

Les auteurs ne vont nulle part sans l'avis honnête des lecteurs et je vous serais très reconnaissante de laisser un commentaire sur Goodreads, sur ma page Facebook ou au détaillant où vous avez acheté ce livre.

THE CREATIVE CARDSLINGERS

N'EST-CE PAS MIEUX DE TIRER DES CARTES ENSEMBLE?

Rejoignez mon groupe privé Facebook The Creative Cardslingers (mot de passe AMETHYST) pour rencontrer d'autres adeptes du tirage de cartes. Testez en premier mes derniers tirages et découvrez les projets créatifs sur lesquels je travaille. Langue principale utilisée : anglais.

À PROPOS DE MOI

Je suis coach pour les écrivains et autres créatifs, réviseure, écrivaine; mais aussi guérisseuse intuitive et organisatrice de retraite sur mesure. Née aux Pays-Bas et élevée par une mère hollandaise et un père écossais expatrié, j'ai emménagé sur l'île de Chypre en février 2019.

Le fait de se retrouver dans un nouveau lieu projette une lumière différente dans votre vie. Votre esprit s'ouvre sur d'autres perspectives et vous vous retrouvez débordant de nouvelles idées, ou bien d'anciennes idées, que vous ne souhaitiez jamais prendre au sérieux, qui réclament tout à coup votre attention.

Apporter un aspect spirituel dans mon travail était une étape effrayante pour moi parce que j'ai toujours essayé de maintenir ces deux sphères séparées. Je dis « essayer » parce que nombre de mes clients et le travail qu'ils m'ont apporté m'ont forcée à fusionner mon expérience professionnelle avec mon intérêt pour le domaine spirituel. Certains m'ont engagée pour réviser ou traduire leurs livres holistiques, d'autres sont venus me voir pour du coaching et éprouvaient des difficultés qui nécessitaient une approche plus large. Il y a également de nombreux écrivains et créatifs qui incorporent ouvertement la spiritualité au sein de leur art.

Durant cette dernière année, j'ai changé de registre et j'ai progressivement laissé le spirituel entrer dans mon espace de travail. Ce livre est un des nombreux produits de ce changement. Bien entendu, j'espère que vous l'apprécierez et que vous pourrez en extraire tout ce dont vous avez besoin.

REMERCIEMENTS

J'aimerais remercier

ANDRI de m'avoir amenée à croire

Mes lecteurs bêta KAREN, BETHANY, MICHELLE, JASE
JAY, RAMONA, LAURA, MARCEL, et SHEENA pour leurs
éloges et leurs critiques détaillées et bienvenues

Mes ABONNES pour leur soutien sans fin

www.ingramcontent.com/pod-product-compliance
Lightning Source LLC
LaVergne TN
LVHW041345200726